# BEI GRIN MACHT SICH IHR WISSEN BEZAHLT

- Wir veröffentlichen Ihre Hausarbeit, Bachelor- und Masterarbeit

- Ihr eigenes eBook und Buch - weltweit in allen wichtigen Shops

- Verdienen Sie an jedem Verkauf

## Jetzt bei www.GRIN.com hochladen und kostenlos publizieren

**Bibliografische Information der Deutschen Nationalbibliothek:**

Die Deutsche Bibliothek verzeichnet diese Publikation in der Deutschen National-
bibliografie; detaillierte bibliografische Daten sind im Internet über http://dnb.d-
nb.de/ abrufbar.

Dieses Werk sowie alle darin enthaltenen einzelnen Beiträge und Abbildungen
sind urheberrechtlich geschützt. Jede Verwertung, die nicht ausdrücklich vom
Urheberrechtsschutz zugelassen ist, bedarf der vorherigen Zustimmung des Verla-
ges. Das gilt insbesondere für Vervielfältigungen, Bearbeitungen, Übersetzungen,
Mikroverfilmungen, Auswertungen durch Datenbanken und für die Einspeicherung
und Verarbeitung in elektronische Systeme. Alle Rechte, auch die des auszugsweisen
Nachdrucks, der fotomechanischen Wiedergabe (einschließlich Mikrokopie) sowie
der Auswertung durch Datenbanken oder ähnliche Einrichtungen, vorbehalten.

**Impressum:**

Copyright © 2018 GRIN Verlag
Druck und Bindung: Books on Demand GmbH, Norderstedt Germany
ISBN: 9783668759695

**Dieses Buch bei GRIN:**

https://www.grin.com/document/434504

Lucas Tuzina

# Trainingsplanung für das Ausdauertraining. Leistungsdiagnostik, Zielsetzung und Mesozyklus

GRIN Verlag

**GRIN - Your knowledge has value**

Der GRIN Verlag publiziert seit 1998 wissenschaftliche Arbeiten von Studenten, Hochschullehrern und anderen Akademikern als eBook und gedrucktes Buch. Die Verlagswebsite www.grin.com ist die ideale Plattform zur Veröffentlichung von Hausarbeiten, Abschlussarbeiten, wissenschaftlichen Aufsätzen, Dissertationen und Fachbüchern.

**Besuchen Sie uns im Internet:**

http://www.grin.com/

http://www.facebook.com/grincom

http://www.twitter.com/grin_com

Deutsche Hochschule für

Prävention und Gesundheitsmanagement

Hermann Neuberger Sportschule 3

66123 Saarbrücken

# Einsendeaufgabe

**Fachmodul:**          Trainingslehre II

**Studiengang:**        Fitnessökonomie

**Datum**

**Präsenzphase**        **04.06.2018 – 06.06.2018**

**Name, Vorname:**      Tuzina, Lucas-M.

**Studienort:**         **Hamburg**

**Semester:**           **SS 17**

# Inhaltsverzeichnis

# 1 Teilaufgabe 1 – Diagnose

In der Diagnose werden die wichtigsten allgemeinen und biometrischen Daten der Testperson ermittelt, damit das Ausdauertraining individuell angepasst werden kann, Risiken vermindert werden können und die Methoden zur optimalen Leistungsentwicklung gewählt werden können.

## 1.1 Allgemeine und biometrische Daten

Zum ermitteln der relevanten Daten fand ein Eingangsgespräch und einige Messungen mit der Testperson statt. In den folgenden Tabellen sind die Ergebnisse und Erkenntnisse des Eingangsgespräch aufgezeigt.

Tabelle 1: Allgemeine Daten (eigene Darstellung)

| Parameter | Daten der Person |
|---|---|
| Alter | 20 Jahre |
| Geschlecht | Weiblich |
| Körpergröße | 166 cm |
| Körpergewicht | 61 kg |
| Trainingsmotive | - Verbesserung der Ausdauer<br>→ Teilnahme an Stadtlauf (Halbmarathon)<br>- Gewichtsreduktion um 5 kg |
| Berufliche Tätigkeit | Studentin |
| Aktuelle sportliche Aktivitäten | - Krafttraining im Fitnessstudio<br>- vier Einheiten/Woche je 60 Minuten<br>- Ausdauertraining auf dem Laufband<br>- zwei Einheiten/Woche je 40 Minuten |
| Frühere sportliche Aktivitäten | - Volleyball im Leistungsbereich<br>- Vier Einheiten/Woche je 90 Minuten |
| Zeitlicher Verfügungsrahmen | - drei Einheiten pro Woche<br>- 60-120 Minuten pro Einheit |

Tabelle 2: Biometrische Daten und Gesundheitszustand (eigene Darstellung)

| Parameter | Daten der Person |
|---|---|
| Blutdruckwerte | 119/82 mmHg |
| Ruhepuls (Ø von sieben Tagen) | 63 Schläge/Minute |
| Orthopädische Probleme | Nein |
| Ärztliche Behandlung | Nein |
| Einnahme Medikamente | Nein |

### 1.1.1 Bewertung des Blutdruck

Zur Bewertung des Blutdrucks werden die Normwerte und die Blutdrucktabelle der American Heat Association herangezogen.

Tabelle 3: Blutdruckklassifikation der American Heart Association (modifiziert nach Manica et al., 2013, S.1286)

| Bewertung | Systolisch | Diastolisch |
|---|---|---|
| | | |
| Optimal | < 120 mmHg | < 80 mmHg |
| Normal | < 130 mmHg | < 85 mmHg |
| Hochnormal | 130 bis 139 mmHg | 85 bis 89 mmHg |
| | | |
| Hypertonie Stufe 1 | 140 bis 159 mmHg | 90 bis 99 mmHg |
| Hypertonie Stufe 2 | 160 bis 179 mmHg | 100 bis 109 mmHg |
| Hypertonie Stufe 3 | > 180 mmHg | > 110 mmHg |

Aus der Blutdrucktabelle der American Heart Association ist zu entnehmen, dass die getestete Person einen Blutdruck im Normalbereich aufweist.

### 1.1.2 Bewertung des Ruhepuls

Die Normwerte für den Ruhepuls variieren mit dem Alter der Person. Folgende Normwerte gelten für die verschiedenen Altersgruppen laut der WHO.

Tabelle 4: Ruhepulsklassifikation der WHO (eigene Darstellung)

| Alter | Pulsschläge pro Minute |
|---|---|
| 0 Jahre | 140 |
| 2 Jahre | 120 |
| 4 Jahre | 100 |
| 10 Jahre | 90 |
| 14 Jahre | 85 |
| Erwachsen | 60 – 80 |
| Senioren | 80 – 85 |

Anhand der vorliegenden Daten der WHO kann der Ruhepuls der Probandin, von durchschnittlich 63 Schlägen die Minute, als im Normalbereich liegend eingestuft werden.

## 1.2 Leistungsdiagnostik

Für ein gezieltes Ausdauertraining ist es essenziell, die Leistung der Probandin einschätzen zu können. Dafür wird eine sogenannte Leistungsdiagnostik durchgeführt.

Für die Leistungsdiagnostik wird ein passendes Testverfahren ausgewählt. Der Test sollte dem groben Leitungsstand, der im Eingangsgespräch ermittelt wurde, entsprechen. Am Ende eines Trainingszyklus kann ein erneuter Test stattfinden, um so den Fortschritt der Probandin zu kontrollieren. Aufgrund der vorliegenden Informationen wird mit der Probandin der sogenannte Vita-Maxima-Test durchgeführt.

### 1.2.1 Begründung

Auf dem Fahradergeometer existieren verschiedene Tests zur Leistungsdiagnostik. Der WHO-Test eignet sich für Leistungsschwächere Personen, wie z.B. Senioren, untrainierte Personen oder Übergewichtige. Da die Watt Steigerung am Ergometer sehr moderat abläuft, eignet sich dieser Test bei diesen Gruppen sehr gut.

Die zu testende Person weißt jedoch eine lange Trainingserfahrung auf und befindet sich in einem regelmäßigen Kraft und Ausdauer Training (siehe Tabelle 1) . Zu erkennen ist der gute Trainingsstand unter anderem auch am Ruhepuls von 63 Schlägen pro Minute und einem Normalen Blutdruck von 119/82mmHg (siehe Tabelle 2). Aus diesem Grund eignet sich ein leistungsintensiver Test, wie der Vita-Maxima-Test. Der Vorteil gegenüber dem Hollman-Venrath- und dem WHO-Test liegt darin, dass beim Vita-Maxima-Test eine komplette Auslastung stattfindet, da es keine Abbruchherzfrequenz gibt. Der Test eignet sich optimal für die Probandin.

## 1.2.2  Durchführung

Während der Testdurchführung wurden die wichtigsten Daten festgehalten. In der folgenden Tabelle sind alle relevanten Daten sowie Ergebnisse aufgeführt.

Tabelle 5: Vita-Maxima-Test (eigene Darstellung)

| Relevante Parameter | | | | |
|---|---|---|---|---|
| Geschlecht: | weiblich | | Eingasbelastung: | 50 Watt |
| Alter: | 20 Jahre | | Belastungssteigerung: | 50 Watt |
| Gewicht: | 61kg | | Stufendauer: | 3 Minuten |
| Ruhepuls: | 63 S/Minute | | Trittfrequenz | 80-100 U/Minute |
| Leistungsstufe: | trainierter Sportler | | Ausbelastung: | min. 180 S/Minute |
| Testergebnisse | | | | |
| Zeit | Watt | Herzfrequenz 1 | Herzfrequenz 2 | Herzfrequenz 3 |
| 1-3 Minuten | 50 | 106 S/min | 110 S/min | 119 S/min |
| 3-6 Minuten | 100 | 122 S/min | 133 S/min | 136 S/min |
| 6-9 Minuten | 150 | 140 S/min | 146 S/min | 151 S/min |
| 9-12 Minuten | 200 | 157 S/min | 166 S/min | 174 S/min |
| 12-15 Minuten | 250 | 181 S/min | 186 S/min | **Testabbruch** |
| Maximale Belastung: | | 250 Watt | | |
| Watt/kg: | | 4,1 Watt/kg (250Watt/61kg) | | |
| Bewertung anhand Normtabelle: | | Freizeit- bzw. Breitensportler | | |

## 1.2.3  Bewertung

Zur Bewertung des Leistungsstandes der Probandin werden die Ergebnisse mit den Normwerten nach Kindermann für Frauen verglichen.

Tabelle 6: Normwerte Vita-Maxima-Test für Frauen (modifiziert nach Kindermann, 1987a, S. 244-268)

| Watt pro kg Körpergewicht | Bewertung |
|---|---|
| 2,5 Watt | Normalbürger |
| 3,5 Watt | Freizeit- bzw. Breitensportler |
| 4,5 Watt | Leistungssportler |
| 5,5 Watt | Hochleistungssportler |

Die relative Wattleistung befindet sich mit 4,1 Watt/kg im Bereich Freizeit- und Breitensportler, mit der Tendenz in Richtung Leistungssportler. Das Ergebnis ist für einen Freizeitsportler als sehr gut einzustufen.

## 1.3 Gesundheits- und Leistungsstand

Es wurde eine relevante Menge an Informationen gesammelt um eine Aussage über die Belastbarkeit bzw. Trainierbarkeit zu tätigen. Gesundheitlich sind keine Risiken oder Einschränkungen vorhanden. Die Person ist in keiner ärztlichen Behandlung und nimmt keine Medikamente ein. Die gemessenen Werte sind im normalen Bereich. Der Blutdruck liegt bei 119/82mmHg und der Ruhepuls bei durchschnittlich 63 Schlägen pro Minute.

Den Ergebnissen des Vita-Maxima-Tests ist zu entnehmen, dass auch der Leistungsstand der Person sehr gut ist. Mit 4,1 Watt pro kg Körpergewicht liegt die Probandin deutlich über dem Durchschnitt der weiblichen Normalbevölkerung. Aus leistungstechnischer-Sicht, sollte das Training uneingeschränkt möglich sein und es ist zu erwarten, dass auch intensive Trainingsmethoden für die Probandin problemlos absolvierbar sind.

# 2  Teilaufgabe 2 – Zielsetzung/Prognose

Um das Training optimal zu gestalten werden Ziele für die Probandin festgelegt, so kann ein Fortschritt überprüfbar verfolgt werden.

Tabelle 7: Zielsetzung (eigene Darstellung)

|        | Inhalt | Ausmaß | Zeit |
|--------|--------|--------|------|
| Ziel 1 | Verbesserung der Watt/kg im Vita-Maxima-Test | Erhöhung um min. 0,4 Watt/kg. | 3 Monate |
| Ziel 2 | Gewichtsreduktion | 5kg Körpergewicht | 3 Monate |
| Ziel 3 | Senkung des Ruhepuls | 5 Schläge/Minute | 3 Monate |

## 2.1 Begründung Ziel 1

Es soll eine Verbesserung der Ausdauerfähigkeit stattfinden. Mit dem Vita-Maxima-Test kann überprüft werden, ob sich die Ausdauerfähigkeit der Probandin verbessert hat. Mit einer Steigerung der relativen Wattleistung im Vita-Maxima-Test, geht auch eine Leistungssteigerung einher. Für eine Steigerung um mindestens 0,4 Watt pro Kilogramm Körpergewicht, müsste die getestete Person mindestens eine Minute länger der Ermüdung standhalten, um in die nächste Stufe zu gelangen (siehe Tabelle 5).

## 2.2 Begründung Ziel 2

Die Testperson hat den Wunsch neben dem primären Ausdauer Ziel zusätzlich fünf Kilogramm Körpergewicht zu verlieren. Dies hat neben dem Wunsch der Testperson zusätzlich den Vorteil, dass ein leichteres Körpergewicht einen Vorteil beim Marathon laufen bietet.

In einem Zeitraum von drei Monaten kann das Gewicht moderat gesenkt werden, um so maximal Muskulatur zu erhalten.

## 2.3 Begründung Ziel 3

Eine Senkung des Ruhepuls hat die Auswirkung, dass die Herzfrequenz unter Belastung einen längeren Zeitraum benötigt um die maximale Herzfrequenz zu erreichen. Die anaerobe Schwelle wird somit später überschritten und der Läufer kann eine höhere Durchschnittsgeschwindigkeit ohne lokale Ermüdung halten. Der Marathon kann somit in einer besseren Zeit absolviert werden.

# 3 Teilaufgabe 3 – Trainingsplanung Mesozyklus

Der Mesozyklus kann in Grob- und Feinplanung aufgeteilt werden. In den folgenden Tabellen sind beide Planungen dargestellt.

## 3.1 Grobplanung Mesozyklus

Die folgende Tabelle zeigt die individuelle Grobplanung des Mesozyklus für die Probandin.

Tabelle 8: Grobplanung Mesozyklus (eigene Darstellung)

| Dauer | 6 Wochen |
|---|---|
| Trainingszielsetzung | Entwicklung der Grundlagenausdauer |
| Wöchentlicher Trainingsumfang | 3-4 Stunden |
| Trainingsmethoden | - extensive Dauermethode<br>- intensive Dauermethode |
| Belastungsintensität | - 60- 75 % Hf$_{max}$ (extensive Dauermethode)<br>- 75- 85% Hf$_{max}$ (intensive Dauermethode) |
| Häufigkeit/Woche | 3 Einheiten/Woche |
| Trainingsdauer/Einheit | - 60- 120 min (extensive Dauermethode)<br>- 40- 60 min (intensive Dauermethode) |
| Bewegungsformen | Outdoor-Laufen, Laufband |

## 3.2 Detailplanung Mesozyklus

Für die Erstellung eines detaillierten Mesozyklus-Plan wird die Trainingsherzfrequenz mithilfe der Karvonen-Formel berechnet, um die einzelnen Intensitäten bestimmen zu können. Die Karvonen-Formel lautet:

*Thf = (Hf$_{max}$ – Hf$_{Ruhe}$) * Intensität in % + Hf$_{Ruhe}$*

Anhand der genannten Formel wurden alle Herzfrequenzen in der folgenden Tabelle zum Mesozyklus bestimmt.

Die folgende Tabelle zeigt den kompletten Mesozyklus in der Detailplanung.

Tabelle 9: Detailplanung Mesozyklus (eigene Darstellung)

| Woche 1 | Montag | Donnerstag | |
|---|---|---|---|
| Trainingsziel | Entwicklung + Stabilisierung GA1 | Entwicklung + Stabilisierung GA1 | |
| Trainingsmethode | Extensive DM | Extensive DM | |
| Trainingsintensität | 65% - 75% Hf$_{max}$ | 65% - 75 % Hf$_{max}$ | |
| Trainingsherzfrequenz | 152 S/min - 165 S/min | 152 S/min - 165 S/min | |
| Trainingsdauer | 60 Minuten | 60 Minuten | |
| Bewegungsform | Outdoor-Laufen | Outdoor-Laufen | |
| **Woche 2** | **Montag** | **Mittwoch** | **Freitag** |
| Trainingsziel | Entwicklung + Stabilisierung GA1 | Entwicklung + Stabilisierung GA1 + GA2 | Entwicklung GA2 |
| Trainingsmethode | Extensive DM | Extensive DM | Intensive DM |
| Trainingsintensität | 65% - 75% Hf$_{max}$ | 65% - 75% Hf$_{max}$ | 75% - 85% Hf$_{max}$ |
| Trainingsherzfrequenz | 152 S/min - 165 S/min | 152 S/min - 165 S/min | 165 S/min - 179 S/min |
| Trainingsdauer | 70 Minuten | 70 Minuten | 40 Minuten |
| Bewegungsform | Outdoor-Laufen | Outdoor-Laufen | Outdoor-Laufen |
| **Woche 3** | **Montag** | **Mittwoch** | **Freitag** |
| Trainingsziel | Entwicklung + Stabilisierung GA1 | Entwicklung + Stabilisierung GA1 | Entwicklung + Stabilisierung GA1 + GA2 |
| Trainingsmethode | Extensive DM | Extensive DM | Intensive DM |
| Trainingsintensität | 65% - 75 % Hf$_{max}$ | 65% - 75 % Hf$_{max}$ | 75% - 85% Hf$_{max}$ |
| Trainingsherzfrequenz | 152 S/min - 165 S/min | 152 S/min - 165 S/min | 165 S/min - 179 S/min |
| Trainingsdauer | 80 Minuten | 80 Minuten | 45 Minuten |
| Bewegungsform | Outdoor-Laufen | Outdoor-Laufen | Outdoor-Laufen |
| **Woche 4** | **Montag** | **Mittwoch** | **Freitag** |
| Trainingsziel | Entwicklung + Stabilisierung GA1 | Entwicklung + Stabilisierung GA1 + GA2 | Entwicklung GA2 |
| Trainingsmethode | Extensive DM | Extensive DM | Intensive DM |
| Trainingsintensität | 65% - 75 % Hf$_{max}$ | 65% - 75 % Hf$_{max}$ | 75% - 85% Hf$_{max}$ |
| Trainingsherzfrequenz | 152 S/min - 165 S/min | 152 S/min - 165 S/min | 165 S/min - 179 S/min |
| Trainingsdauer | 90 Minuten | 95 Minuten | 45 Minuten |
| Bewegungsform | Outdoor-Laufen | Outdoor-Laufen | Outdoor-Laufen |
| **Woche 5** | **Montag** | **Mittwoch** | **Freitag** |
| Trainingsziel | Entwicklung + Stabilisierung GA1 | Entwicklung + Stabilisierung GA1 | Entwicklung + Stabilisierung GA1 + GA2 |
| Trainingsmethode | Extensive DM | Extensive DM | Intensive DM |
| Trainingsintensität | 65% - 75 % Hf$_{max}$ | 65% - 75 % Hf$_{max}$ | 75% - 85% Hf$_{max}$ |
| Trainingsherzfrequenz | 152 S/min - 165 S/min | 152 S/min - 165 S/min | 165 S/min - 179 S/min |
| Trainingsdauer | 100 Minuten | 105 Minuten | 50 Minuten |

| Bewegungsform | Outdoor-Laufen | Outdoor-Laufen | Outdoor-Laufen |
|---|---|---|---|
| **Woche 6** | Montag | Mittwoch | Freitag |
| Trainingsziel | Entwicklung + Stabilisierung GA1 | Entwicklung + Stabilisierung GA1 + GA2 | Entwicklung GA2 |
| Trainingsmethode | Extensive DM | Extensive DM | Intensive DM |
| Trainingsintensität | 70% - 75 % Hf$_{max}$ | 70% - 75 % Hf$_{max}$ | 80% - 85% Hf$_{max}$ |
| Trainingsherzfrequenz | 159 S/min - 165 S/min | 159 S/min - 165 S/min | 173 S/min - 179 S/min |
| Trainingsdauer | 100 Minuten | 110 Minuten | 50 Minuten |
| Bewegungsform | Outdoor-Laufen | Outdoor-Laufen | Outdoor-Laufen |

## 3.3  Begründung zum Mesozyklus

### 3.3.1  Begründung zum wöchentlichen Belastungsumfang

Der Mesozyklus sieht für fast alle sechs Wochen einen wöchentlichen Belastungsumfang von drei Trainingseinheiten in der Woche vor. Die Einheiten passen in den zeitlichen Verfügungsrahmen der Probandin. Eine Belastungsdauer von 180 bis 240 Minuten in der Woche wird auch im Rahmen des Gesundheitsoptimalprogramm empfohlen (Zintl & Eisenhut, 2001 S. 137). In der ersten Woche werden diese Kriterien noch nicht eingehalten um der Probandin einen leichten Einstieg in das Training zu ermöglichen.

Ein Belastungsumfang von mindestens drei Stunden in der Woche unterstützt die Probandin zusätzlich bei dem Ziel der Gewichtsreduktion, da so der Stoffwechsel stärker aktiviert werden kann (Zintl & Eisenhut, 2009, S. 142).

### 3.3.2  Begründung zu den ausgewählten Trainingsmethoden

Die häufigst eingesetzte Methode in diesem Mesozyklus ist die extensive Dauermethode, da sie am besten einen längeren Lauf, wie z.B. einen Halbmarathon simuliert. Es wird eine moderate Geschwindigkeit und Traingshezfrequenz gehalten um die Trainingseinheit länger zu gestalten und die Laktat Produktion im Blut auf einem Minimum zuhalten. Bei einer geringeren Laktat Produktion findet eine geringere muskuläre Ermüdung statt (Janssen, 2003 S.19). Die Grundlagenausdauer 1 wird bei dieser Methode hauptsächlich verbessert. Die Probandin kann mit dieser Methode lernen an der richtigen Schwelle zu laufen, um beim Halbmarathon nicht durch muskuläre Ermüdung abbrechen zu müssen.

Die intensive Dauermethode wird zusätzlich eingesetzt. Bei dieser Methode wird deutlich mehr Laktat produziert. Die Probandin kann jedoch auch von dieser Methode für den Halbmarathon profitieren. Eine Anpassung des Körpers bei dieser Methode ist das Anheben der anaeroben Schwelle (Universität des Saarlandes, 2016). Die anaerobe schwelle bedeutet, dass die Produktion und der Abbau des Laktats im Gleichgewicht sind. Durch die intensive Dauermethode kann die Produktion von Laktat verringert und der Abbau beschleunigt werden. Der Punkt der lokalen muskulären Ermüdung wird demnach erst bei höhere Intensität erreicht. Beim Halbmarathon kann somit eine höhere Durchschnittsgeschwindigkeit realisiert werden.

### 3.3.3 Begründung zur Belastungsprogression

Die Progression der Belastung kann an drei Parametern festgelegt werden. Diese sind Trainingshäufigkeit, Umfang und Intensität. In dieser genannten Rheinfolge sollten die Parameter nacheinander angepasst werden (Zintl & Eisenhut, 2009, S.18). Der dargestellte Mesozyklus richtet sich nach dieser Regel.

Als erstes wird nach der ersten Woche die Trainingshäufigkeit von zwei auf drei Trainingseinheiten die Woche erhöht.

Folgend wird der Umfang bei jeder Trainingseinheit leicht erhöht. Die Probandin startet mit einer Dauer von 60 Minuten in die erste extensive Dauermethode, bei der letzten wird der Umfang auf bis zu 110 Minuten erhöht. Der Umfang kongruiert mit einer möglichen Zeit für ein Halbmarathon, so kann die Probandin optimal auf diesen vorbereitet werden.

Die Intensität dient als letzte Stellschraube der Belastungsprogression, sie steigert sich in der letzten Woche des Mesozyklus. Der Bereich der Trainingsherzfrequenz wird kleiner und die Intensität allgemein erhöht, um der Probandin ein besseres Gefühl für die Herzfrequenz und der anaeroben Schwelle näher zu bringen.

### 3.3.4 Begründung zu den angesteuerten Trainingsbereichen

Die Trainingsbereichen unterscheiden sich im wesentlichen durch die Belastungsintensitäten (Zintl & Eisenhut, 2001, S. 111). In dem genannten Mesozyklus liegt der Fokus auf der Grundlagenausdauer 1, diese soll vor allem im Bereich der aeroben Leistungsfähigkeit eine Leistungssteigerung hervorrufen. Erreicht werden kann das mit moderaten Intensitäten, weshalb die extensive Dauermethode sich für diesen Trainingsbereich gut eignet (Neumann, Pfützner, & Berbalk, 2007, S. 141).

Zusätzlich zu der extensiven Dauermethode wird auch die intensive Dauermethode eingesetzt. Bei dieser Methode liegt der Sotffwechsel-Bereich im aerob-anaeroben-Mischbereich und die Grundlagenausdauer 2 wird mit angesprochen (Neumann, Pfützner, & Berbalk, 2007, S. 141). Mit dieser Methode kann die anaerobe Schwelle angehoben werden, dies bietet wie bereits oben genannt Vorteile für das Ziel einen Halbmarathon zu laufen.

### 3.3.5 Begründung zu der ausgewählten Bewegungsform

Wird das sportliche Ziel der Probandin betrachtet, ist das Outdoor-Laufen ganz klar als Hauptbewegungsform zu nennen. Der Halbmarathon wird unter ähnlichen Bedingungen stattfinden. Das Laufband dient als Ausweichmöglichkeit z.B. bei ungünstigen Wetterbedingungen. Ein Ausweichen auf andere Ergometer ist nicht notwendig, da z.B. das Fahradergeometer eine größere lokale Ermüdung hervorruft und es somit einen Marathon weniger gut simuliert.

Das laufen bietet zusätzlich Vorteile bei der Gewichtsreduktion, da ein großer Anteil der Skelettmuskulatur mitarbeitet. Es werden bei gleicher Intensität mehr Kalorien pro Minute verwertet als z.B. beim Fahradergeometer.

## 4  Teilaufgabe 4 – Literaturrecherche

Die folgenden Tabellen zeigen zwei verschiedene Studien zum Thema: „Effekte von Ausdauertraining bei arterieller Hypertonie". Die Studien wurden beide im Rahmen von einer Dissertation durchgeführt.

Tabelle 10: Effekte von Ausdauertraining bei arterieller Hypertonie Studie 1 (eigene Darstellung)

| | |
|---|---|
| Titel der Studie | „Kardiovaskuläre Effekte eines aeroben versus eines isometrischen Training bei arterieller Hypertonie." |
| Wer hat die Studie durchgeführt? | Vlatsas Stergios |
| Wann wurde die Studie publiziert? | 2015 |
| Mit welchen Versuchspersonen wurde die Studie durchgeführt? | Folgende Aussagen trifft Stegios (2015, S.31-33) zu den Versuchspersonen: Insgesamt 70 Probanden - 29 Männer - 41 Frauen Die Probanden befanden sich aufgrund arterieller Hypertonie in medikamentöser Behandlung oder haben einen Blutdruck von über 140/90 mmHg vorzuweisen. Die Personen waren alle sportlich nicht aktiv. Personen mit einer Herzrhythmusstörung, peripheren Verschlusskrankheit oder Herzinsuffizienz durften nicht an der Studie teilnehmen. |
| Wie sah der Versuchsaufbau der Studie aus? | Folgende Aussagen trifft Stegios (2015, S.33-42) zu dem Versuchsaufbau: Am Beginn der Studie hat eine Blutdruckmessung über 24 stunden stattgefunden. Zusätzlich wurde eine Pulswellenanalyse durchführt und der zentrale Aortendruck wurde gemessenen. Die Blutdruckmessung fand als Tages- und Nachtintervall statt. Die Probandin wurden zufällig in drei verschiedene Gruppen aufgeteilt. Die Gruppe 1 umfasste 25 Probanden und führte ein isometrisches Faustschlusstraining aus. Die Gruppe 2 bestand aus 23 Personen und war die Faustschlussgerät Placebo Gruppe. Die 3. Gruppe führte ein zwölfwöchiges aerobes Ausdauertraining aus, mit jeweils fünf Trainingseinheiten pro Woche mit 30-45 Minuten Belastungszeitraum. Die Belastungsart konnte frei ausgewählt werden. Während der Studie haben die Probanden ihre Medikamente wie gewohnt eingenommen. Am Ende der Studie wurden alle Messungen wiederholt. |
| Welche relevanten Ergebnisse lieferte die Studie ? | Folgende Aussagen trifft Stegios (2015, S.40-42) zu den Ergebnissen: Die Gruppe 3, die ein aerobes Ausdauertraining absolvierte, konnte in der 24 Stunden Blutdruckmessung signifikante Verbesserungen erzielen. Die werte vom systolische Blutdruck konnte von 129.1±10.4 mmHg auf 122.7±11.7 mmHg gesenkt werden. Beim diastolischen Blutdruck |

| | konnte eine Verbesserung von 79.5±8.9 mmHg auf 76.7±10.9 verzeichnet werden. Die Ergebnisse unterscheiden sich zwischen dem Nacht- und dem Tagesintervall, wobei die Ergebnisse beim Tagesintervall deutlicher zu erkennen waren. |
|---|---|
| Welche relevanten Schlussfolgerungen liefert die Studie ? | Die folgende Betrachtung der Ergebnisse bezieht sich ausschließlich auf die Erkenntnisse des aeroben Ausdauertrainings im Zusammenhang mit arterieller Hypertonie. Schlussfolgernd zeigt die Studie, dass ein aerobes Ausdauertraining einen signifikanten positiven Einfluss auf den Blutdruck haben kann. Es konnten Verbesserungen sowohl im systolischen als auch im diastolischen Bereich verzeichnet werden. |

Tabelle 11: Effekte von Ausdauertraining bei arterieller Hypertonie Studie 2 (eigene Darstellung)

| Titel der Studie | Auswirkungen von Ausdauer- vs. Krafttraining vs. der Kombination Ausdauer-/Krafttraining auf die systemische Hämodynamik, Gefäßelastizität sowie Herzfrequenzvariabilität bei Patienten mit arterieller Hypertonie" |
|---|---|
| Wer hat die Studie durchgeführt? | Anna Lena Bickenbach |
| Wann wurde die Studie publiziert? | 2011 |
| Mit welchen Versuchspersonen wurde die Studie durchgeführt? | Folgende Aussagen trifft Birkenbach (2011, S.22-23) zu den Versuchspersonen: Insgesamt 55 Probanden - 42 Männer - 13 Frauen Die Probanden hatten alle Anzeichen einer arteriellen Hypertonie des 1. Grades. Die Probanden waren alle seit zwölf Wochen nicht sportlich aktiv. Antihypertensiver medikamentöser Einstellung , schwere Hypertonie, Koronare Herzkrankheiten, Herzinsuffienz, Herzviten, vergangener Herzinfarkt und Erregungsleitungsstörung am Herzen waren maßgebliche Auschlußkriterien. |
| Wie sah der Versuchsaufbau der Studie aus? | Folgende Aussagen trifft Birkenbach (2011, S.24-27) zu dem Versuchsaufbau: Zu Beginn der Studie unterzogen sich alle Probanden einer ärztlichen Komplettuntersuchung. Diese wurde am Institut für Kreislaufforschung an der Deutschen Sporthochschule durchführt. Es wurde für jeden Probanden eine Leistungsdiagnostik erstellt und es fand einen 24-Stunden-Blutdruckmessung statt. Die Blutdruck Messungen wurden zusätzlich in Tages- und Nachtintervalle unterteilt. |

| | |
|---|---|
| | Die Probanden wurden nach dem Zufallsprinzip in vier Gruppen unterteilt. Jeweils eine Gruppe führte nur ein Ausdauer oder nur ein Krafttraining durch. Die dritte Gruppe praktizierte beide Trainingseinheiten. Die vierte Gruppe fungierte als Kontrollgruppe.<br><br>Die Gruppe die allein ein Ausdauertraining praktizierte, trainierte zwölf Wochen lang mit drei Trainingseinheiten in der Woche. Bei jeder Einheit fand ein fünfminütiges Warm-Up statt, anschließend folgte das Haupttrainingsprogramm, bei zu beginn 50% der $Hf_{reserve}$. Die Intensität wurde alle zwei Wochen um 5% $Hf_{reserve}$. Die maximale Intensität betrug am Ende der Studie 75% $Hf_{reserve}$. Das zu Beginn 20 minütige Fahradergeometer-Training wurde mindestens alle vier Wochen um fünf Minuten gesteigert. Die Gewohnheiten bezüglich Ernährung, Alkoholkonsum und Rauchverhalten blieben während der kompletten Studie unverändert. |
| Welche relevanten Ergebnisse lieferte die Studie ? | Folgende Aussagen trifft Birkenbach (2011, S.49-51) zu den Ergebnissen:<br><br>Im folgenden werden nur die für ein Ausdauertraining relevanten Zusammenhänge berücksichtigt.<br><br>Die Gruppe die zwölf Wochen ein Ausdauertraining durchführte konnte signifikante Verbesserungen in den 24-Stunden-Blutdruckmessungen erzielen. Beim systolischen Blutdruck konnte eine Verbesserung von 140,30 ± 7,02 mmHg auf 137,00 ± 8,80 mmHg. Beim diastolischen Blutdruck konnte ebenfalls eine Verbesserung von 86,20 ± 6,80 mmHg auf 83,10 ± 7,70 mmHg verzeichnet werden.<br><br>Die Kontrollgruppe hat hingegen sogar einen Anstieg zu verzeichnen. |
| Welche relevanten Schlussfolgerungen liefert die Studie ? | Die Studie zeigt, dass durch ein gezieltes Ausdauertraining der systolische und diastolische Blutdruck signifikant gesenkt werden kann. Auch ohne Veränderung der Lebensgewohnheiten kann diese Veränderung stattfinden. |

# 5 Literaturverzeichnis

Bickenbach, A.-L. (2011). *Auswirkungen von Ausdauer- vs. Krafttraining vs. der Kombination Ausdauer-/Krafttraining auf die systemische Hämodynamik, Gefäßelastizität sowie Herzfrequenzvariabilität bei Patienten mit arterieller Hypertonie.* Dissertation, Deutsche Sporthochschule Köln, Köln.

Janssen, P. G. J. M. (2003). *Trainningssteuerung über die Herzfrequenz- und Milchsäurebestimmung* (3. überarbeitete Auflage). Balingen: Spitta Verlag GmbH & Co. KG.

Kindermann, W. (1987a). Ergometrie-Empfehlungen fuer die ärtzliche Praxis. *Deutsche Zeitschrift für Sportmedizin*, 38 (6), 244-268.

Mancia, G., Fagard, R., Narkiewicz, K., Redón, J., Zanchetti, A., Böhm, M. Et al. (2013). 2013 *ESH/ESC Guidelines for the management of arterial hypertension 20/22 of the European Society of Hypertension (ESH) and of the European Society of Cardiology* (ESC). Journal of Hypertension, 31 (7), 1281-1357.

Neumann, G., Pfützner, A., & Berbalk, A. (2007). *Optimiertes Ausdauertraining* (5. Überarb. Aufl. Ausg.). Aachen: Meyer & Meyer.

Universität des Saarlandes. (Hrsg). (2016). *Trainingsmethoden im Ausdauertraining. Dauermethoden.* Zugriff am 20.06.2018. Verfügbar unter: https://www.uni-saarland.de/einrichtung/hochschulsport/service/hochschulsport-online/tourplaner/theorie-zum-ausdauertraining/dauermethoden.html

Stergios, V. (2015). *Kardiovaskuläre Effekte eines aeroben versus eines isometrischen Trainings bei arterieller Hypertonie.* Dissertation, Medizinische Fakultät Charité-Universitätsmedizin Berlin , Berlin.

Zintl, F., & Eisenhut, A. (2009). *Ausdauertraining: Grundlagen- Methoden-Trainingssteuerung* (7. überarbeitete Auflage). München: BLV Sportwissen.

Zintl, F., & Eisenhut, A. (2001). *Ausdauertraining. Grundlagen – Methoden -Trainingssteuerung* (5.Auflage). München: BLV Sportwissen.

# 6    Tabellenverzeichnis

# BEI GRIN MACHT SICH IHR WISSEN BEZAHLT

- Wir veröffentlichen Ihre Hausarbeit,
  Bachelor- und Masterarbeit

- Ihr eigenes eBook und Buch -
  weltweit in allen wichtigen Shops

- Verdienen Sie an jedem Verkauf

## Jetzt bei www.GRIN.com hochladen
## und kostenlos publizieren